Pasta!
→ Shrimp +Arugula +
→ Sandwich
chicken + horseradish
→ Baby octopus
tomato +
→ Super chopped salad
feta cheese

샘킴의 맛있는 브런치

Sam Kim's

샘킴의 맛있는 브런치

Brunch

자연주의 셰프 샘킴의 쉽고 빠른 홈메이드 브런치 레시피

샘킴 지음

이덴슬리벨

Sam·Kim
再生紙
メモパッド
NOTEPAD
約140×100mm·200枚
無印良品
Hello

진심을 가진 그대에게

나는 음식이야말로 먹는 사람을 가장 잘 표현한다고 생각한다.
우리가 먹는 것은 우리 몸에 고스란히 흔적을 남기기 때문이다.
그래서 간단한 요리 하나를 만들더라도 진심을 담을 수밖에 없다.
의사는 아픈 사람을 치료하지만 요리사는 병을 예방할 수 있는 사람이 아닌가.
한 끼의 식단을 바꾸는 작은 노력이 때로는 한 사람의 삶 자체를 바꾸기도 한다.

정말 좋은 요리는 비싼 식재료로 유명한 셰프가 만든 것이 아니다.
자연에서 가져온 신선한 재료로 사랑하는 사람을 위해
정성껏 요리한다면 그것이야말로 우리 몸에 가장 필요한 음식이 된다.

그런 진심을 가지고 요리하려는 사람에게
나는 온 가족이 모인 주말 아침 "쉽고 빠르게 따라 할 수 있는 요리",
한 끼를 먹더라도 맛있고 건강하게 먹을 수 있는
나만의 브런치 비법을 전해 주고자 한다.

많은 사람들이 사랑하는 사람을 위해
요리하는 세상을 꿈꾸며…….

샘킴

브런치를 맛있게 만드는
노하우 7가지

1. 신선한 재료

많은 양의 재료를 한 번에 사서 보관하지 말고 번거롭더라도 그날 먹을 만큼의 식재료만 준비한다.

2. 맛있는 레시피

요리에 대한 도전 의식과 궁금증을 갖고 다양한 매체를 통해 레시피를 모은다.

3. 꼭 필요한 재료

나의 요리에 빠지지 않는 올리브오일과 레몬, 방울토마토는 항상 구비해 둔다.

4. 맛있는 빵

빵은 언제 어느 때나 중요한 역할을 한다. 특히 아침에 간단히 한 끼를 준비하려면 필수다.

5. 시간과 커피

커피 마니아인 나는 브런치를 만들 때 시간을 들여 꼭 맛있는 커피도 같이 준비한다.

6. 탄수화물을 대체할 수 있는 재료

쌀을 대신할 수 있는 파스타와 육류(치킨과 소고기) 등을 준비한다.

7. 말린 허브

집에서 키우는 허브가 가장 좋지만 급할 땐 말린 허브도 유용하다.

계량은
어떻게 하죠?

< 계량 스푼 >

< 계량 저울 >

< 계량컵 >

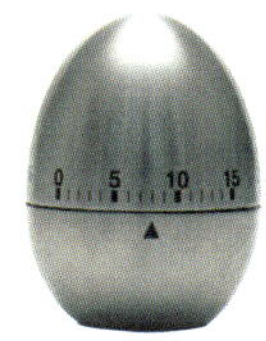

< 타이머>

< 1 큰술 >

< ½ 큰술 >

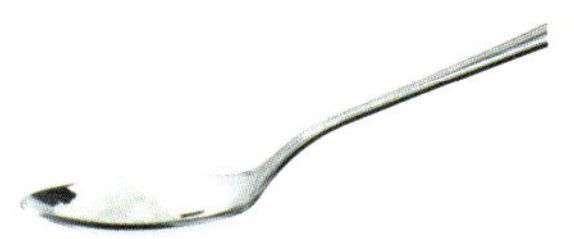

< ¼ 큰술 >

* 1큰술 - 어른 숟가락
1작은술 - 찻숟가락
1컵 - 250㎖

요리할 때 무엇보다 중요한 건 정확한 레시피 대로 조리하는 것이다. 그러기 위해서는 계량이 중요하다. 계량에 필요한 몇가지 도구를 살펴보자.

우선 계량 스푼이 없다면 어른 숟가락에 가득 담았을 때 1큰술로, 찻숟가락은 작은술로 보면 된다. 200㎖는 맥주컵으로 한 컵 정도, 가루류 한 컵은 종이컵에 가득 담은 정도와 같다. 계량 도구가 있으면 편하겠지만 없을 때는 이렇게 대체할 수 있다.

Contents

쉽게

SALAD & CHEESE

따뜻하게

SOUP & RISOTTO

행복하게

PASTA & DRINK

풍성하게

MEAT & FISH

사랑스럽게

BREAD & CAKE

쉽게
SALAD & CHEESE

NATURAL FAVOR

세상에는 가치 있는 것이 정말 많다. 하지만 나는 그중에서 가장 소중한 것은 "자연"이라고 생각한다. 우리가 먹는 모든 음식의 재료가 자연으로부터 오기 때문이다. 내 요리는 작은 씨앗이 땅 위에 뿌려지면서 시작된다. 양배추, 당근, 얼갈이배추, 아욱, 당근, 비트, 열무, 시금치, 방울토마토…….

농장에서 직접 땀 흘리며 땅을 파고, 씨앗을 심고, 물을 주고 돌보다보면 어느새 조금씩 신선한 채소가 자란다. 직접 농산물을 키우는 게 힘들기는 하지만 한 번 경험하고 나면 얼마나 좋은지 잘 알기에 계속 농장을 찾게 된다. 그곳에서 자연이 주는 가르침을 배우고 새로운 레시피를 구상할 때도 많다.

내가 키운 재료로 요리하면 그것은 나의 마음까지 주는 것이다.

#1

허브 닭가슴살 샐러드

Herbed chicken salad

>> ingredient

닭가슴살 2개, 토마토 1개, 루콜라 2줄기, 로즈마리 10줄기, 타임 5줄기, 마늘 2쪽, 올리브오일(엑스트라버진), 레몬 1개, 소금 · 후추 · 파르메산 치즈 약간씩

허브오일: 올리브오일(엑스트라버진) 500㎖, 타임 5줄기, 로즈마리 10줄기, 파슬리 5줄기, 마늘 4알

>> how to

1 … 닭가슴살은 칼로 저며서 넓게 펴주거나 주방용 해머로 두드려 준다.

2 … 로즈마리와 타임은 곱게 다지고 마늘은 2개 정도 다져서 올리브오일과 함께 섞는다.

3 … 닭가슴살에 2)의 허브오일을 바르고 소금과 후추로 간하여 팬에 굽는다.

4 … 토마토는 6등분 하고 레몬 ½개는 얇게 저며 썬다.

5 … 접시에 토마토와 루콜라, 레몬을 담은 후 그 위에 구운 닭가슴살을 올린다.

6 … 파르메산 치즈를 뿌린 후 남은 레몬 ½개의 즙을 살짝 뿌린다.

>> cooking tip

- 만들기도 쉽고 맛도 담백하면서 상큼해 브런치 메뉴로 딱이다. 예전에 미국 비벌리 힐스에 있는 상가에서 일할 때 직장 여성들이 점심에 많이 주문하던 메뉴와 비슷하다.
- 주방용 해머가 없으면 닭가슴살을 랩으로 싸서 냄비나 팬으로 두드린다. 단 손을 다치지 않도록 조심하고 아이들이 따라하지 않도록 조심한다.

1	2
3	4
5	6
7	8

#2

버섯 샐러드

Warm mushroom & toasted bread

>> ingredient

새송이버섯 1개, 느타리버섯 4개, 양송이버섯 5개, 달걀 1개, 루콜라 2줄기, 파르메산 치즈 약간, 버터 1큰술, 레몬 ½개, 올리브오일 ½큰술, 다진 마늘 · 소금 · 후추 약간씩, 바게트 1조각(두껍게)

>> how to

1 … 팬에 다진 마늘을 넣고 올리브오일을 두른 후 먹기 좋은 크기로 자른 버섯을 볶는다. 소금과 후추로 간한 후 버터를 넣어 다시 한 번 볶는다.

2 … 두껍게 어슷썰기 한 바게트는 그릴에 굽는다.

3 … 냄비에 물을 넣고 끓이다가 팔팔 끓기 전에 중불로 낮추고 달걀을 넣어 수란을 만든다.

4 … 접시에 구운 바게트를 담고 볶은 버섯과 루콜라를 올린다.

5 … 그 위에 3)의 달걀을 올리고 파르메산 치즈를 뿌린 뒤 올리브오일과 레몬즙을 뿌려 낸다.

>> cooking tip

- 우리가 수란이라고 부르는 '포치드 에그(poached egg)'는 달걀을 끓는 물에 담가 흰자만 익히는 것이다. 너무 팔팔 끓는 물에 넣지 말고 끓기 바로 직전 기포가 올라올 때 물에 회오리를 만든 후 달걀을 깨 넣고 2~3분 후에 국자로 건져 낸다.
- 다진 마늘을 볶을 때 색이 투명해지기 시작하면 다른 재료를 넣는다.

1	2
3	4
5	6

#3
오징어 샐러드

Pan-fried cuttle-fish salad

>> ingredient

오징어 1마리, 화살촉오징어 10마리, 에다마메(풋콩)·체치콩(병아리콩) 약간씩, 발사믹 리덕션 2큰술, 다진 파슬리 1작은술, 올리브오일 1큰술, 소금 · 후추 약간씩

>> how to

1 … 오징어는 껍질을 벗겨 손질한 후 몸통 부분만 작게 썬다. 올리브오일을 두른 팬에 소금과 후추로 간하여 볶는다.

2 … 믹서에 1)의 오징어를 넣고 곱게 간다.

3 … 화살촉오징어 속에 2)의 간 오징어를 채워 넣는다.

4 … 올리브오일을 두른 후 3)의 화살촉오징어를 구우면서 소금, 후추로 간한다. 끓는 물에 데친 에다마메와 체치콩도 넣고 함께 볶는다.

5 … 불을 끄고 다진 파슬리를 뿌린 뒤 접시에 담고 발사믹 리덕션을 뿌린다.

>> cooking tip

- 발사믹 리덕션은 발사믹 식초와 설탕을 1:1 비율로 해서 시럽처럼 될 때까지 약불에 졸여 만든다.
- 화살촉오징어 대신 한치로 대체해도 된다. 오징어 소를 만들때 견과류(잣)를 볶아서 함께 넣으면 더욱 맛있게 즐길 수 있다.

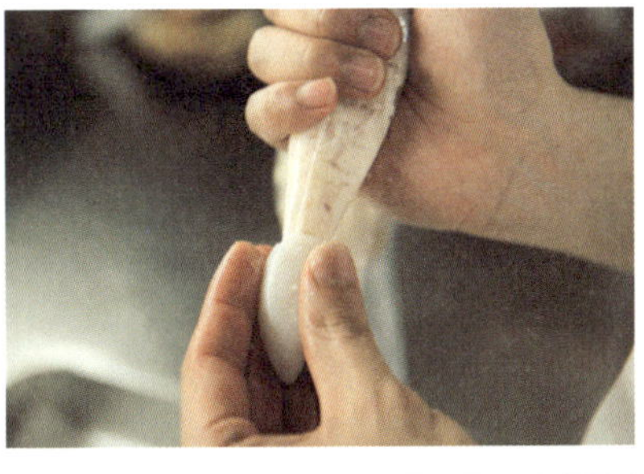

1	2
3	4

#4

고르곤졸라 양상추 샐러드

Gorgonzola & lettuce salad

>> ingredient

베이컨 1장, 양상추 ½개, 고르곤졸라 치즈 2큰술, 방울토마토 10개, 레몬 ½개, 올리브오일 1큰술, 소금 · 후추 약간씩

>> how to

1 … 베이컨은 먹기 좋은 크기로 자른 뒤 앞뒤 바삭하게 굽는다.

2 … 양상추는 손으로 큼직하게 뜯고, 방울토마토는 이등분한다.

3 … 그릇에 양상추를 담고 레몬즙과 소금, 후추, 올리브오일을 골고루 뿌린다.

4 … 3)에 자른 방울토마토를 넣고 베이컨과 고르곤졸라 치즈를 올린다.

>> cooking tip

• 고르곤졸라 치즈 향이 강하다 싶으면 생크림과 고르곤졸라 치즈를 1:1 비율로 섞어서 양상추 위에 뿌려도 맛있다.

• 사과와 견과류를 함께 곁들이면 더욱 영양만점이다.

1	2
3	4

#5
페타 치즈 샐러드

Feta cheese salad

>> ingredient

오이 1개, 방울토마토 10개, 실란트로(고수) 10잎, 적양파 ½개, 페타 치즈 100g. 레몬 ½개, 올리브오일 · 소금 · 후추 약간씩

>> how to

1 … 오이는 깍둑썰기로 작게 자르고 적양파는 잘게 다진다.

2 … 믹싱볼에 올리브오일과 레몬즙을 넣고, 고수잎을 다져 넣어 섞는다.

3 … 1)의 채소와 4등분 한 방울토마토를 넣고 골고루 섞은 뒤 소금, 후추로 간한다. 마지막으로 페타 치즈를 부수어 넣고 마저 섞는다.

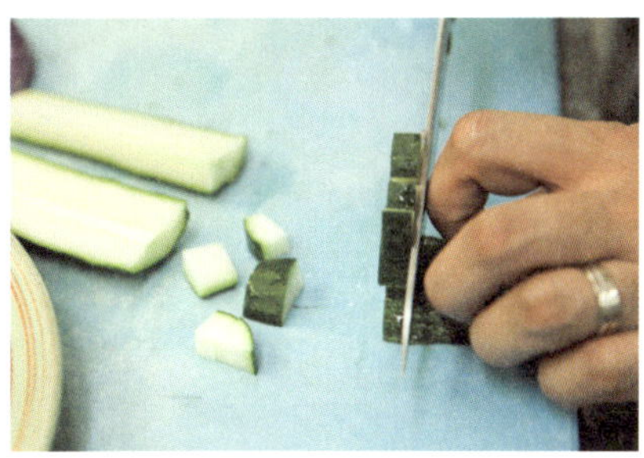

1	2
3	

#6

문어 샐러드

Grilled octopus salad

>> ingredient

문어 다리 3개, 방울토마토 10개, 민트 5잎, 생바질 5잎, 레몬 ½개, 올리브오일 · 소금 · 후추 약간씩

>> how to

1 … 생 문어 다리는 끓는 물에 살짝 데쳐낸 뒤 바로 얼음물에 담가 헹군다. 먹기 좋게 썰어 올리브오일을 살짝 바른다.

2 … 팬에 데친 문어를 살짝 굽는다.

3 … 믹싱볼에 방울토마토와 민트, 생바질을 곱게 다져서 담은 다음 소금과 후추로 간한다. 올리브오일 1큰술을 넣고 골고루 섞는다.

4 … 접시에 3)을 담고 구운 문어를 올린 후 레몬즙을 짜서 뿌린다.

>> cooking tip

• 문어 대신 오징어나 주꾸미, 새우, 관자 등으로 대체해도 색다르게 즐길 수 있다.

• 문어를 데칠 때 양파 1개, 셀러리 1대, 당근 ½개, 레몬 3개, 통후추 10알 등을 넣으면 잡내를 없앨 수 있다.

1	2
3	4
5	6

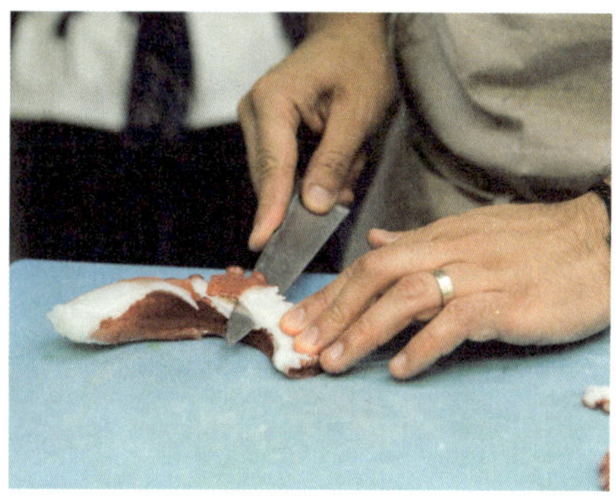

#7

미니 파프리카 버섯 구이

Roasted paprika stuffed with mushroom

>> ingredient

미니 파프리카 6개, 양송이버섯 10개, 표고버섯 5개, 새송이버섯 2개, 마늘 1쪽, 버터 1큰술, 다진 파슬리 1작은술, 리코타 치즈 2큰술, 아보카도 ½개, 고수 5잎

>> how to

1 … 여러 가지 버섯은 잘게 다진 뒤 올리브오일과 버터를 두른 팬에 볶으면서 소금과 후추로 간한다.

2 … 1)에 다진 파슬리와 리코타 치즈를 넣어 다시 한 번 섞는다.

3 … 올리브오일을 두른 팬에 미니 파프리카를 통째 익힌 다음 칼로 가운데를 갈라 2)의 버섯을 넣는다.

4 … 아보카도와 오이를 적당한 크기로 썰어 접시에 올리고 3)의 파프리카를 담는다. 그 위에 다진 고수잎과 레몬즙을 뿌린다.

>> cooking tip

- 파프리카를 익힐 때 오븐을 사용하면 좋다. 올리브오일을 묻힌 후 125℃ 오븐에서 20~30분간 구워 껍질이 살짝 노릇노릇할 때 꺼내면 식감이 더욱 좋다.

1	2
3	4
5	6

#8

알감자 오븐 구이

Roasted mini potato with basil pesto

>> ingredient

알감자 20개, 메추리알 10개, 파르메산 치즈 약간, 바질 페스토 약간, 올리브오일 · 소금 · 후추 약간씩

바질 페스토: 생바질 130g, 파르메산 치즈 150g, 마늘 1쪽, 올리브오일 130㎖, 잣 5g

>> how to

1 … 믹서에 생바질, 파르메산 치즈, 마늘, 잣을 넣고 올리브오일을 천천히 부으며 갈아 바질 페스토를 만든다.

2 … 깨끗이 손질한 알감자는 올리브오일을 골고루 묻힌 다음 소금과 후추로 간하여 175℃ 오븐에서 20~30분(크기에 따라 시간 조절) 익힌다.

3 … 찬물에 메추리알을 넣고 10~15분간 삶은 후 껍질을 제거한다.

4 … 익힌 감자와 메추리알을 접시에 담고 바질 페스토와 파르메산 치즈를 뿌린다.

1 2
3 4

#9

찹 샐러드

Chopped salad

>> ingredient

오이 1개, 당근 ½개, 방울토마토 10개, 셀러리 1대, 적양파 ½개, 아보카도 1개, 민트 5잎, 올리브오일 · 소금 · 후추, 페타 치즈 · 파르메산 치즈 약간씩, 레몬 ½개

>> how to

1 … 오이, 당근, 셀러리, 방울토마토, 적양파, 아보카도는 깨끗이 씻은 후 잘게 다진다.

2 … 믹싱볼에 1)의 채소를 담고 올리브오일, 소금, 후추, 민트잎을 넣어 골고루 섞는다.

3 … 페타 치즈를 부수어 2)에 넣고 레몬즙을 살짝 짜서 다시 한 번 고루 섞는다.

>> cooking tip

• 여기에 바삭하게 구워서 다진 베이컨과 삶은 달걀을 함께 넣으면 든든한 한 끼 식사가 된다.

10

구운 파프리카와 리코타 치즈

Roasted paprika with Ricotta cheese

>> ingredient

빨강 파프리카 2개, 루콜라 2줄기, 파르메산 치즈 약간, 리코타 치즈 2큰술, 레몬 ½개, 올리브오일 · 후추 약간씩

>> how to

1 … 파프리카에 올리브오일을 바른 후 125℃ 오븐에서 30분 정도 익힌다.

2 … 파프리카가 다 익으면 얇은 껍질을 벗겨낸 후 먹기 좋은 크기로 자른다.

3 … 파프리카를 접시에 담고 루콜라와 파르메산 치즈를 올린 다음 레몬즙과 후추를 뿌리고 리코타 치즈를 함께 올린다.

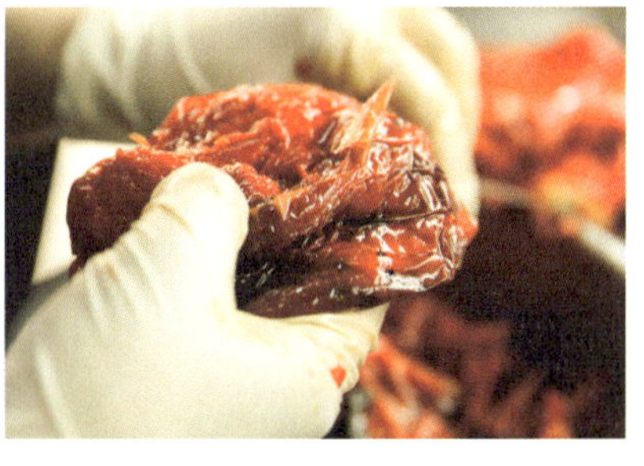

1	2
3	4

#11
렌틸콩 샐러드
Lentil salad

>> ingredient

렌틸콩 ½컵, 완두 20알, 적양파 ¼개, 방울토마토 10개, 기장(쌀) 2큰술, 다진 파슬리 1큰술, 레몬 1개, 페타 치즈 2큰술, 올리브오일 · 소금 · 후추 약간씩

>> how to

1 … 적양파는 잘게 다지고 방울토마토는 깨끗이 씻어 4등분 한다.

2 … 렌틸콩, 완두, 기장은 소금물에 넣고 푹 삶는다.

3 … 믹싱볼에 1)과 2)를 넣고 레몬즙, 올리브오일을 넣어 고루 섞는다.

4 … 페타 치즈를 잘게 부수어 넣은 다음 다진 파슬리를 뿌리고 골고루 섞는다.

1	2
3	4

#12
믹스 샐러드 겨자 드레싱

Mixed salad with mustard dressing

>> ingredient

라디치오 ½개, 로메인 ½개, 토마토 1개, 당근 ½개, 아스파라거스 2개, 블랙올리브 5개, 양파 1개, 케이퍼베리 2개, 다진 파슬리, 홀그레인 머스터드 1작은술, 꿀 1작은술, 레몬 ½개, 올리브오일 ½컵, 소금 · 후추 약간씩

>> how to

1 … 믹싱볼에 홀그레인 머스터드, 꿀, 다진 파슬리, 양파 ½개 다진 것을 넣어준 뒤 올리브오일을 천천히 부으며 골고루 섞는다. 마지막으로 레몬을 짜준다.

2 … 라디치오, 로메인은 먹기 좋은 크기로 자른 뒤 1)에 넣고 골고루 섞는다.

3 … 아스파라거스는 끓는 물에 살짝 데치고 블랙올리브, 토마토, 남은 양파는 얇게 썰고 당근은 가늘게 채 썬다. 1)에 넣고 고루 섞은 후 접시에 담아 낸다.

>> cooking tip

- 드레싱을 만들 때, 올리브오일을 아주 천천히 넣으며 거품기로 섞는다. 그리고 드레싱은 언제나 차게 해서 상에 낸다. 산도를 조절하기 위해 레몬즙은 마지막에 조금씩 나누어서 넣는다.

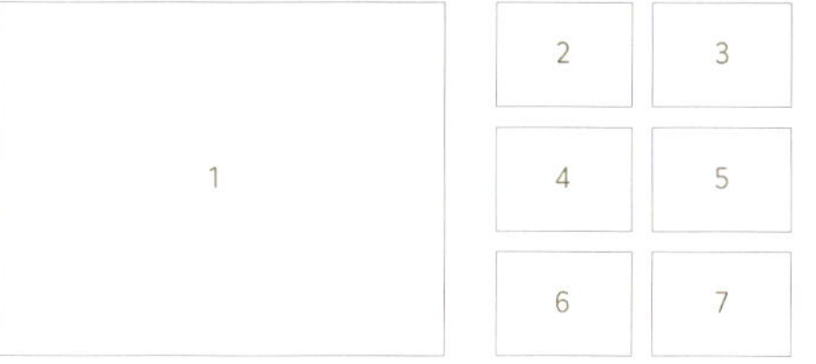
1
2
3
4
5
6
7

Apple Mint
Lavend

las estacionsseul

#13

참치 샐러드

Tuna salad

>> ingredient

옥수수(통조림) ½컵, 블랙올리브 5개, 참치 ½캔, 방울토마토 10개, 적양파 ¼개, 다진 파슬리 1큰술, 레몬 ½개, 올리브오일 5큰술, 소금 · 후추 약간씩

>> how to

1 … 믹싱볼에 작게 다진 적양파와 파슬리를 담고 레몬즙을 짜 넣은 후 올리브오일, 소금, 후추를 뿌린다.

2 … 1)의 믹싱볼에 옥수수, 기름을 뺀 참치를 넣는다.

3 … 2)에 4등분 한 방울토마토와 블랙올리브를 넣고 함께 섞는다.

>> cooking tip

• 이대로도 맛있지만 더 든든하게 먹고 싶다면 감자를 작은 주사위 크기로 썰어 끓는 물에 데친 후 함께 넣고 섞는다. 한 끼 식사로도 충분하다.

1	2
3	4

14

리코타 치즈 파프리카 말이

Rolled paprika with ricotta cheese

>> ingredient

파프리카 3개, 리코타 치즈 200g, 안초비 3마리, 기장 1큰술, 프리제(샐러드용 채소) 적당량, 레몬 ½개, 파르메산 치즈, 올리브오일 · 소금 · 후추 약간씩

>> how to

1 … 파프리카는 깨끗이 씻어 올리브오일을 바른 후 175℃ 오븐에 20~30분 정도 굽는다.

2 … 구운 파프리카의 얇은 겉껍질과 씨를 제거한 후 길게 편다. 그 위에 리코타 치즈와 안초비를 올려 돌돌 말아 준다.

3 … 기장은 올리브오일을 두른 팬에 살짝 튀기듯 볶는다.

4 … 접시에 2)의 돌돌 만 파프리카를 담고 프리제를 올린 뒤 파르메산 치즈와 튀긴 기장을 뿌린다.

5 … 마지막으로 레몬즙을 살짝 뿌린다.

>> cooking tip

• 기장을 튀기듯 볶아서 올리면 모양을 살리면서 바삭하고 부드러운 식감도 느낄 수 있다.

1	2
3	4

#15

생모차렐라 치즈 샐러드

Fresh mozzarella cheese salad

>> ingredient

모차렐라 치즈 1개, 파슬리 10잎, 방울토마토 10개, 생바질 5잎, 발사믹 식초 2큰술, 후추 · 소금 약간씩, 레몬 ½개, 올리브오일 3큰술

>> how to

1 … 방울토마토는 4등분 하고, 생바질은 작게 썰어 믹싱볼에 함께 담는다.

2 … 1)에 레몬즙과 올리브오일을 넣고, 소금과 후추로 간하여 골고루 섞는다.

3 … 파슬리를 기름에 튀긴다.

4 … 접시에 2)를 올리고 모차렐라 치즈와 후추, 튀긴 파슬리를 올리고 발사믹 식초를 살짝 뿌린다.

>> cooking tip

• 요리에 발사믹 식초를 조금 뿌리면 더욱 맛이 좋아진다.

1	2
3	4

16

시금치 감자 카넬로니

Spinach potato canneloni

>> ingredient

라자냐 생면 10장, 감자 2개, 시금치 1단, 리코타 · 파르메산 치즈 1큰술씩, 토마토소스 1컵, 다진 파슬리 1큰술, 소금 · 후추 약간씩

>> how to

1 … 감자는 푹 삶아서 믹싱볼에 넣고 곱게 으깬다.

2 … 시금치는 끓는 소금물에 살짝 데쳐 물기를 꼭 짜낸 후 곱게 다져 1)에 넣는다.

3 … 리코타 치즈와 파르메산 치즈를 1)에 넣고 소금 · 후추로 간한 뒤 골고루 섞는다.

4 … 라자냐 생면을 소금물에 9분간 삶아서 물기를 제거한 뒤 식힌다.

5 … 라자냐 생면에 3)의 감자소를 채워 돌돌 만다.

6 … 토마토소스를 오븐용 그릇 바닥에 깔고 다진 파슬리와 파르메산 치즈를 뿌린 다음 5)의 라자냐 생면을 2cm 길이로 잘라 단면이 보이도록 세워 담는다.

7 … 파르메산 치즈를 위에 뿌리고 175℃ 오븐에서 10분 정도 구워 완성한다.

>> cooking tip

- 카넬로니(canneloni)는 이탈리아 전통 파스타 요리로, 파스타에 고기나 생선, 시금치, 치즈로 속을 채워 팬이나 오븐에 구워 먹는다. 치즈와 속재료가 뒤섞여 순두부처럼 촉촉하고 부드러운 게 특징이다. 그래서 이탈리에서는 특히 노인들이 좋아한다.

1	2	3
4	5	6
7	8	9
10	11	12

#17

가지 오븐 구이

Roasted eggplant with mozzarella cheese

>> ingredient

가지 1개, 밀가루 1컵, 생 모차렐라 치즈 1개, 토마토소스 2컵, 마늘 2쪽, 방울토마토 5개, 생바질 2잎, 소금 · 후추 · 올리브오일 약간씩

>> how to

1 … 가지는 1cm 두께로 동그랗게 썬 다음 밀가루 옷을 입힌다. 올리브오일을 두른 팬에 소금, 후추로 간하여 굽는다.

2 … 올리브오일을 두른 팬에 다진 마늘을 넣어 살짝 볶다가 이등분한 방울토마토를 넣고 볶는다. 방울토마토가 익으면 토마토소스를 넣는다.

3 … 생바질을 썰어 2)에 넣은 뒤 구운 가지를 넣고 그 위에 생 모차렐라 치즈를 올려 125℃ 오븐에서 치즈가 녹을 정도로 굽는다.

>> cooking tip

- 곱게 다져 익힌 소고기나 돼지고기를 구운 가지 위에 살포시 올리고 모차렐라 치즈로 덮으면 또 다른 요리가 된다. 개인적으로 이 요리를 만들 땐 꼭 찍어 먹을 빵을 함께 준비한다.

DEAN &

1	2
3	4
5	6

18

마카로니 감자 그라탱

Potato macaroni gratin

>> ingredient

마카로니 150g, 감자 2개, 토마토 1개, 밀가루 1큰술, 버터 1큰술, 우유 2컵(400㎖), 체다 치즈 1컵, 모차렐라 치즈 ½컵, 다진 파슬리 1큰술, 양파 1개, 올리브오일 · 소금 · 후추 약간씩

>> how to

1 … 냄비에 버터를 녹이다가 밀가루를 넣고 섞은 뒤 우유를 붓고 약불에서 걸쭉해질 때까지 계속 저으며 끓인다.

2 … 1)의 농도가 걸쭉해지면 불을 끄고 체다 치즈와 모차렐라 치즈를 넣고 녹인다.

3 … 감자는 소금물에 넣고 푹 삶아 완전히 익힌 뒤 체에 내려 곱게 으깬다.

4 … 2)를 ½컵 덜어내 3)에 넣고 같이 섞는다.

5 … 마카로니는 끓는 소금물에 12분간 삶아 건진다.

6 … 올리브오일을 두른 팬에 얇게 썬 양파를 넣고 소금 · 후추로 간한 뒤, 삶은 마카로니를 넣고 볶는다. 2)의 남은 치즈를 다 넣어 섞는다.

7 … 오븐용 용기에 6)을 담고 그 위에 4)의 감자로 덮은 다음 토마토를 동그랗게 썰어 올린다.

8 … 175℃ 오븐에서 10분만 익힌 뒤 다진 파슬리를 뿌려 완성한다.

>> cooking tip

- 1)의 루(버터 + 밀가루)를 만들 때는 우유를 붓고 반드시 덩어리가 지지 않게 거품기로 계속 저어야 한다. 그렇지 않으면 밀가루 냄새가 날 수 있다. 체다 치즈와 모차렐라 치즈는 사용하기 전에 어느 치즈가 맛이 더 강한지 확인하고 양을 조절하는 게 좋다.

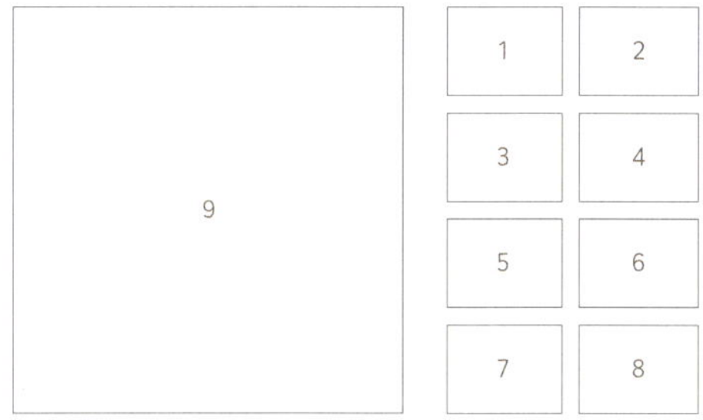
9
1
2
3
4
5
6
7
8

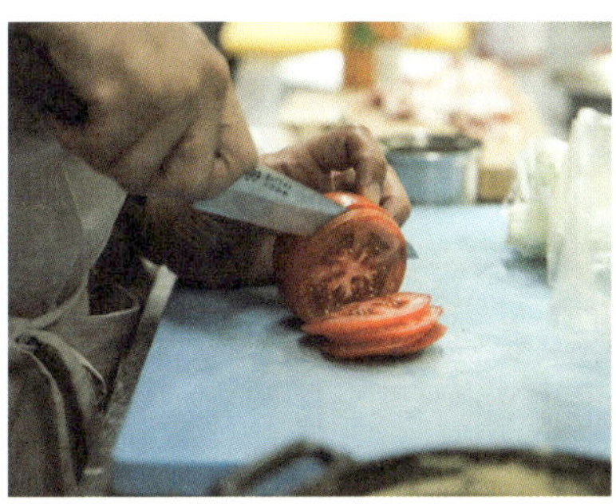

L'OLIO

las estacions

따뜻하게
Soup & Risotto

AMARETTI

If you cook…

만약 누군가를 위해 요리한다면 그것은 상대의 배고픔을 채워 주는 것 이상의 의미가 있다. 요리하는 내내 상대를 향한 많은 생각과 감정을 떠올리게 되기 때문이다.

사랑하는 사람을 생각하며 한껏 설레기도 하고, 친구와 함께한 추억을 되새기며 우정이 돈독해지기도 한다. 아이들을 떠올리며 따뜻한 사랑이 샘솟기도 한다. 이러한 마음이 모두 요리에 들어 있다고 믿는다.

내가 만든 음식으로 누군가가 행복해진다면 그것만큼 행복한 일이 또 어디 있을까. 이게 진짜 내가 요리하는 이유다.

#1

시금치 수프

Spinach chicken soup

>> ingredient

닭 육수 2½컵(500㎖), 파르메산 치즈 2큰술, 시금치 ½단, 달걀 1개, 소금 · 후추 약간씩

육수: 닭 1마리분, 양파 2개, 당근 ½개, 셀러리 2대, 월계수잎 1장, 물 1ℓ

>> how to

1 … 닭 육수를 따뜻하게 끓인 후 깨끗이 씻은 시금치를 넣는다.

2 … 파르메산 치즈를 넣고 섞어준 뒤 풀어 놓은 달걀을 넣고 한소끔 끓인다.

3 … 소금과 후추로 간을 한다.

>> cooking tip

- 마지막에 치킨과 잘 어울리는 바질을 넣으면 풍미가 진해진다.
- 닭 육수는 닭 반마리(약 200g)에 물 500㎖를 붓고 끓여서 만들어도 된다.
- 시금치는 살짝만 데친 후 물기를 꼭 짜서 넣는다.
- 먹을 때 레몬(½개)을 살짝 짜주면 국물 맛이 더욱 좋아진다.

1 2

#2

봄 미네스트로네 수프

Spring-minestrone soup

>> ingredient

감자 1개, 양파 1개, 당근 ½개, 양배추 ¼개, 셀러리 2대, 베이컨 6장, 마늘 2쪽, 바질 페스토 2큰술, 채소 육수 or 닭 육수 4컵, 방울토마토 10개, 파르메산 치즈 1큰술, 다진 파슬리 1작은술, 올리브오일 · 소금 · 후추 약간씩

>> how to

1 … 감자, 양파, 당근, 양배추, 셀러리는 작은 주사위 크기로 자른다.

2 … 올리브오일을 두른 냄비에 베이컨을 넣고 볶다가 1)의 손질한 채소와 마늘을 넣고 소금으로 간하며 같이 볶는다.

3 … 이등분한 방울토마토와 다진 파슬리를 2)에 넣어 볶은 뒤 채소 육수를 부어 끓인다.

4 … 파르메산 치즈와 바질 페스토(만들기는 41쪽 참조)를 넣고 살짝 더 끓인다.

>> cooking tip

- 채소를 볶을 때는 단단한 것부터 볶는다. 감자와 당근을 먼저 볶고 양파와 양배추 순으로 볶아야 골고루 익힐 수 있다.

1

2	3
4	5
6	7

#3

리소토와 바질 페스토

Risotto with basil pesto

>> ingredient

양파 1/6개, 쌀 20g, 채소 육수 5컵(1ℓ), 잣 1큰술, 파르메산 치즈 1큰술, 버터 1/2큰술, 바질 페스토 1큰술, 화이트와인 2큰술, 올리브오일 · 소금 약간씩, 다진 파슬리 1/2작은술

채소 육수: 양파 3개, 당근 1개, 셀러리 1대, 월계수잎 1장, 마늘 5쪽, 통후추 10알, 물 10컵(2ℓ), 크게 잘라서 다함께 넣고 2/3까지 졸인 뒤 사용한다.

>> how to

1 … 양파는 곱게 다져서 올리브오일을 두른 팬에 살짝 볶는다. 여기에 생쌀을 씻어 넣고 소금으로 간한 후 다시 한 번 볶는다.

2 … 1)에 화이트와인을 넣고 알코올이 다 날아가면 다진 파슬리와 채소 육수를 여러 번에 나누어 부으면서 쌀을 푹 익힌다.

3 … 파르메산 치즈와 버터를 2)에 넣고 섞어 살짝 더 끓인 후 볶은 잣과 바질 페스토(만들기는 41쪽 참조)를 올려 상에 낸다.

>> cooking tip

• 리소토를 만들기 위해 육수를 부을 때는 쌀을 살짝만 덮을 정도로 육수를 넣어야 한다. 그래야 쌀의 식감이 살아 있다.

1	2
3	4
5	6

7

#4

닭가슴살 채소 수프

Chicken soup

>> ingredient

베이컨 150g, 닭가슴살 1개, 셀러리 2대, 당근 1개, 양파 1개, 감자 1개, 방울토마토 10개, 완두 10알, 닭 육수 5컵(1ℓ), 생바질 3잎, 다진 파슬리 1큰술, 레몬 ½개, 올리브오일 약간

>> how to

1 … 냄비에 올리브오일을 두른 후 닭가슴살, 베이컨을 통째 넣고 볶는다.

2 … 1)의 닭가슴살을 겉만 익히고 베이컨과 함께 빼낸 다음 셀러리, 당근, 양파, 감자를 잘게 썰어 넣고 소금으로 간하여 볶는다.

3 … 방울토마토는 이등분하여 2)에 넣고 볶은 뒤 다진 파슬리를 뿌린다.

4 … 3)에 닭 육수를 붓고 채소를 익힌다. 2)의 닭가슴살과 베이컨을 다시 넣고 같이 끓인다.

5 … 채소가 익으면 데친 완두와 생바질을 넣고 레몬을 살짝 짜서 즙을 넣는다.

>> cooking tip

• 파스타 면을 따로 삶아서 넣으면 근사한 아이들 간식이 된다.

1	2
3	4
5	6

5
초리조 리소토

Chorizo risotto

>> ingredient

생쌀 20g, 초리조햄 20g, 마늘 1쪽, 완두 10알, 다진 파슬리 1작은술, 파르메산 치즈 1큰술, 페페론치노 $\frac{1}{3}$작은술, 버터 $\frac{1}{2}$큰술, 채소 육수 5컵(1ℓ), 화이트와인 2큰술, 방울토마토 5개, 올리브오일 약간

>> how to

1 … 초리조햄을 작게 자른 뒤 올리브오일을 두른 팬에 다진 마늘, 페페론치노와 함께 볶는다.

2 … 생쌀을 1)에 넣고 볶다가 화이트와인을 넣고 소금으로 간한 뒤 채소 육수를 여러 번에 나눠 부으며 푹 익힌다.

3 … 한소끔 끓으면 이등분한 방울토마토를 넣는다. 마지막으로 버터, 파르메산 치즈, 다진 파슬리를 넣고 골고루 섞어 완성한다. 상에 낼 때 삶은 완두를 올려 낸다.

>> cooking tip

- 대형 마트에 가면 초리조햄을 비롯해 다양한 햄을 볼 수 있다. 조금씩 향과 맛이 다르긴 하지만 어떤 것을 사용해도 괜찮다.

1	2
3	4

#6

스페니쉬 오믈렛

Spanish omelette

>> ingredient

달걀 10개, 파르메산 치즈 2큰술, 초리조햄 20g, 애호박 ½개, 적양파 ¼개, 완두 10알, 당근 ¼개, 양파 ¼개, 올리브오일 · 소금 · 후추 약간씩

>> how to

1 … 믹싱볼에 달걀 10개를 풀어서 거품기로 섞다가 파르메산 치즈를 넣고 다시 한 번 섞는다.

2 … 초리조햄과 애호박은 얇고 동그랗게 썰고 적양파는 채 썬다.

3 … 당근, 양파는 작게 깍둑 썰고 완두는 데쳐 놓는다.

4 … 올리브오일을 두른 팬에 3)의 당근, 양파를 볶다가 소금 · 후추로 간한다.

5 … 2)의 초리조햄, 애호박, 적양파를 넣고 살짝 볶는다.

6 … 1)의 풀어 놓은 달걀물을 부어 주고, 파르메산 치즈를 살짝 뿌린 뒤 175℃ 오븐에서 겉이 노랗게 될 때까지 익힌다. 마지막으로 데친 완두를 올린다.

>> cooking tip

• 오믈렛은 취향이나 냉장고 속 재료에 따라 레시피를 다양하게 응용할 수 있다. 초리조햄이 없을 때는 베이컨으로 대체해도 되고, 적양파 대신 흰양파를 사용해도 괜찮다. 그러나 올리브오일은 필수.

1	2
3	4

7

치킨 커리

Chicken-curry with tortilla

>> ingredient

닭다리살 3개, 당근 1개, 양파 2개, 셀러리 2대, 파프리카 1개, 마늘 2쪽, 고수 10잎, 코코넛 밀크 1컵, 레몬 ½개, 홍고추 1개, 커리파우더 3큰술, 물 1컵, 토르티야 3장, 올리브오일 · 소금 · 후추 약간씩

>> how to

1 … 손질한 닭다리살을 소금 · 후추로 간한 뒤 커리파우더를 골고루 묻힌다.

2 … 당근, 셀러리, 양파를 큼직하게 썬다.

3 … 올리브오일을 두른 냄비에 닭다리살을 볶다가 2)의 채소와 마늘을 넣고 다시 한 번 볶는다. 어느 정도 겉이 익으면 물 1컵을 붓고 졸이듯이 끓인다.

4 … 코코넛 밀크를 3)에 붓고 다시 한 번 약불에서 끓인다.

5 … 고수잎과 송송 썬 홍고추를 4)에 뿌리고 레몬 혹은 라임을 짜준다.

6 … 파프리카에 올리브오일을 바른 후 팬에 구워 곁들이고 토르티야도 살짝 구워서 함께 낸다.

>> cooking tip

- 커리파우더를 입힌 치킨을 구울 때는 타지 않도록 유의한다. 가루를 입혀서 타기 쉽고, 바닥에 달라붙으면 나중에 끓일 때 탄 가루가 물 위로 올라와 쓴맛이 난다.

1	2	3
4	5	6
7	8	9
10		

#8

새우 부리토

Marinated spicy shrimp burrito

>> ingredient

초리조 리소토 2큰술, 토르티야 2장, 사워크림 2큰술, 다진 파슬리 1큰술, 다진 고수잎 1큰술, 양상추 ⅙개, 방울토마토 5개, 아보카도 ½개, 라임 1개, 새우 6마리, 홍고추 1개, 올리브오일 · 소금 · 후추 약간씩, 적양파 ¼개

>> how to

1 … 새우는 깨끗이 손질한 후 다진 파슬리, 다진 고수잎, 홍고추, 올리브오일을 넣고 마리네이드 한다.

2 … 토르티야는 팬에 앞뒤로 굽고, 준비한 초리조 리소토(만들기는 97쪽 참조)를 올린다. 1)의 양념에 재운 새우를 올리브오일을 두른 팬에 소금, 후추로 간해서 구워 올린다.

3 … 양상추를 곱게 슬라이스해서 함께 올린다.

4 … 토마토, 아보카도, 적양파를 작게 썰어서 올리브오일, 소금, 후추를 뿌려 간한 뒤 올린다.

5 … 사워크림, 다진 파슬리와 고수를 전체적으로 뿌리고 올리브오일과 레몬을 짜준다.

1
2
3
6
4
5

행복하게

PASTA & DRINK

HAPPY DAY!

요리는 만드는 사람이 행복해야 먹는 사람도 행복하다. 요리를 통해 요리사의 감정이 고스란히 전해진다고 믿기에 나는 요리할 때마다 "무한 긍정의 힘"을 떠올린다. 그리고 먹는 사람은 "그냥 행복하게! 즐겁게! 신나게!" 즐길 수 있기를 바란다.

내가 행복한 마음으로 요리하면 그것을 먹는 사람은 말 안 해도 알겠지?

#1

애호박 펜네 파스타

Green squash with penne

>> ingredient

펜네 100g, 애호박 ½개, 방울토마토 7~8개, 마늘 2쪽, 토마토소스 2컵, 생바질 2잎, 다진 파슬리 1작은술, 파르메산 치즈 2큰술, 올리브오일 ½큰술, 소금 · 후추 약간씩

>> how to

1 … 애호박은 반달 모양으로 썰어 소금과 후추로 간한 후 팬에 굽는다.

2 … 마늘은 곱게 다진 후 팬에 올리브오일을 둘러 살짝 익힌다.

3 … 끓는 소금물에 펜네를 넣고 9분간 삶는다.

4 … 2)에 방울토마토를 이등분하여 넣고 익힌 뒤 생바질과 다진 파슬리, 파스타 삶은 물 2큰술을 넣는다. 잠시 후 토마토소스를 넣는다.

5 … 4)에 익혀 놓은 애호박과 펜네를 넣고 파르메산 치즈를 골고루 뿌린다.

>> cooking tip

• 애호박은 미리 구워서 사용해야 한다. 같은 팬에 다른 채소와 함께 조리하면 애호박의 풋내가 다른 맛을 방해하기 때문이다.

EAU DE
AUX
FLEURS
URIAGE-LES

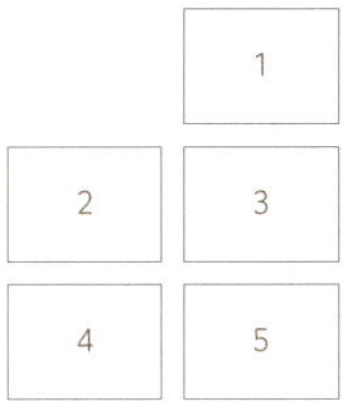
1
2
3
4
5

MOSCATO
D'ASTI
Castello di Poggio

2

레몬 탈리아텔레

Lemon butter with tagliatelle

>> ingredient

레몬 1개, 탈리아텔레(길고 얇은 리본 파스타) 100g, 파르메산 치즈 3큰술, 올리브오일 · 소금 · 후추 약간씩, 버터 1작은술

>> how to

1 … 끓는 소금물에 탈리아텔레를 넣고 5분간 삶는다.

2 … 면이 익는 동안 올리브오일에 레몬 ½개를 짜서 넣는다. 필러로 남은 레몬 ½개의 껍질을 긁어 뿌린다.

3 … 1)의 면이 익으면 2)에 넣고 살짝 섞은 다음 파르메산 치즈를 골고루 뿌리고 버터 1작은술을 넣어 다시 한 번 섞는다. 마지막으로 후추를 뿌린다.

>> cooking tip

- 들어가는 재료는 단순하지만 파스타 본연의 맛을 제대로 즐길 수 있는 메뉴이다. 올리브오일과 레몬이 만나 상큼한 맛이 일품이며 스낵처럼 즐길 수 있다.
- 레몬은 사용 전 소금으로 문질러 깨끗이 닦은 후 물기를 완전히 제거하고 사용한다.

1	2
3	4
5	6
7	8

#3
새우와 구운 채소 스파게티

Grilled vegetable spaghetti with shrimp

>> ingredient

새우 7마리, 애호박 ⅓개, 아스파라거스 2개, 다진 파슬리 1작은술, 방울토마토 7개, 마늘 2쪽, 화이트와인 1큰술, 스파게티 100g, 올리브오일 · 소금 · 후추 약간씩

>> how to

1 … 애호박과 아스파라거스는 먹기 좋게 자른 뒤 올리브오일을 두른 팬에 소금, 후추로 간하여 굽는다.

2 … 팬에 올리브오일을 두른 후 편으로 썬 마늘에 소금 간을 살짝 하면서 손질한 새우를 넣고 익힌다.

3 … 새우가 익으면 화이트와인을 넣고 다진 파슬리와 반으로 자른 방울토마토를 함께 볶는다.

4 … 끓는 소금물에 스파게티를 넣고 9분간 삶는다.

5 … 3)의 소스에 스파게티 삶은 물 2큰술을 넣어 마무리한다.

6 … 5)에 구운 애호박과 아스파라거스를 먼저 넣은 다음 삶은 스파게티를 넣어 마저 섞는다.

>> cooking tip

- 파스타 삶은 물은 요리를 완성할 때까지 절대 버리지 않는다. 파스타의 농도를 조절할 때 사용할 수 있기 때문이다.

las estaciones de seul

1	2
3	4
5	6
7	8

#4

안초비 오징어 키타라

Squid & anchovy chitarra

>> ingredient

오징어(몸통) ½개, 안초비 1개, 마늘 1쪽, 페페론치노 ⅓작은술, 방울토마토 5개, 화이트와인 1큰술, 키타라 100g, 다진 파슬리 1작은술, 애호박 ⅓개, 올리브오일 · 소금 약간씩

>> how to

1 … 오징어 몸통은 작은 주사위 크기로 자른다.

2 … 애호박은 초록색 겉껍질 부분만 벗겨 작은 주사위 크기로 썬다.

3 … 팬에 올리브오일을 두른 후 안초비와 마늘, 2)의 애호박, 페페론치노를 볶다가 방울토마토를 반으로 잘라 넣고 1)의 오징어도 넣어 볶는다.

4 … 화이트와인을 넣은 뒤 파슬리를 넣고 파스타 삶은 물 3큰술을 넣어 30초간 졸인다.

5 … 스파게티 100g를 소금물에 삶아서 4)에 넣어 골고루 섞는다.

>> cooking tip

• 키타라는 긴 파스타 가닥으로 스파게티와 비슷하다.

→ Shrimp
→ Sandwich
chicken + horseradish
→ Baby octopus
tomato +
→ Super chopped salad
feta cheese

#5

루콜라 페스토 스트로차프레티

Arugula pesto with strozzapreti

>> ingredient

스트로차프레티 70g, 방울토마토 10개, 바질 5잎, 잣 10알

루콜라 페스토: 잣 5g, 루콜라 130g, 파르메산 치즈 155g, 마늘 1쪽, 올리브오일 130㎖

>> how to

1 … 끓는 소금물에 스트로차프레티를 넣고 10분간 삶아 건진다.

2 … 방울토마토와 바질은 잘게 다진다.

3 … 믹서에 볶은 잣과 마늘, 루콜라, 파르메산 치즈를 넣고 올리브오일을 부어 곱게 갈아 페스토를 만든다.

4 … 3)에 삶은 면을 넣고 섞은 다음 2)의 방울토마토와 바질을 섞는다. 마지막에 볶은 잣을 위에 올린다.

>> cooking tip

• 파스타를 마무리할 때는 불을 끄고 잔열로 섞는다. 다른 파스타처럼 불 위에서 섞지 않는다.

1	2
3	

#6

왕새우 무청 스파게티

Prawn & radish leaves spaghetti

>> ingredient

새우 7마리, 열무청 10줄기, 마늘 1쪽, 페페론치노 ⅓작은술, 화이트와인 2큰술, 방울토마토 5개, 스파게티 100g, 올리브오일 · 소금 · 후추 약간씩

>> how to

1 … 방울토마토는 이등분하고 마늘은 편으로 썬다. 새우는 등쪽의 내장을 빼낸 후 깨끗이 씻어 작게 썬다.

2 … 올리브오일을 두른 팬에 다진 마늘과 무청, 다진 파슬리, 페페론치노를 넣고 살짝 볶는다.

3 … 1)의 손질한 새우를 2)에 넣어 같이 볶은 뒤, 화이트와인을 넣고 마저 볶는다.

4 … 이등분한 방울토마토를 3)에 넣은 뒤 다시 한 번 볶는다. 파스타 삶은 물을 4큰술 정도 넣고 살짝 졸인다.

5 … 끓는 소금물에 9분간 삶아 건진 스파게티를 2)의 무청과 함께 4)에 넣어 골고루 섞어 마무리한다.

>> cooking tip

• 무청이 굵은 경우는 처음부터 볶는다. 나중에 넣으면 심이 살아 있고 향이 강해서 다른 향을 방해할 수 있다.

1	2
3	4
5	6
7	8

#7

안초비 애호박 스파게티

Anchovy & green squash spaghetti

>> ingredient

안초비 3개, 애호박 ½개, 블랙올리브 3개, 방울토마토 5개, 마늘 1쪽, 다진 파슬리 1작은술, 페페론치노 ⅓작은술, 스파게티 100g, 올리브오일 · 소금 · 후추 약간씩

>> how to

1 … 애호박은 동그랗게 썬 다음 소금과 후추로 간하여 팬에 굽는다.

2 … 팬에 올리브오일을 두른 후 얇게 썬 블랙올리브와 다진 마늘, 파슬리, 페페론치노, 안초비를 넣고 살짝 볶는다.

3 … 스파게티는 끓는 소금물에 9분간 삶은 후 건져 2)에 넣고 볶는다.

4 … 방울토마토를 살짝 다져 놓은 뒤 스파게티 삶은 물 5큰술을 넣고 살짝 졸인다. 1)의 애호박과 다진 방울토마토를 3)에 넣고 다시 한 번 섞는다.

>> cooking tip

- 안초비가 들어가는 파스타를 만들 때는 소금 간이나 다른 짠맛을 내는 재료를 적게 사용하는 것이 좋다. 안초비만으로도 충분히 짠맛을 낼 수 있기 때문이다.

3
1
2
4
5
6
7

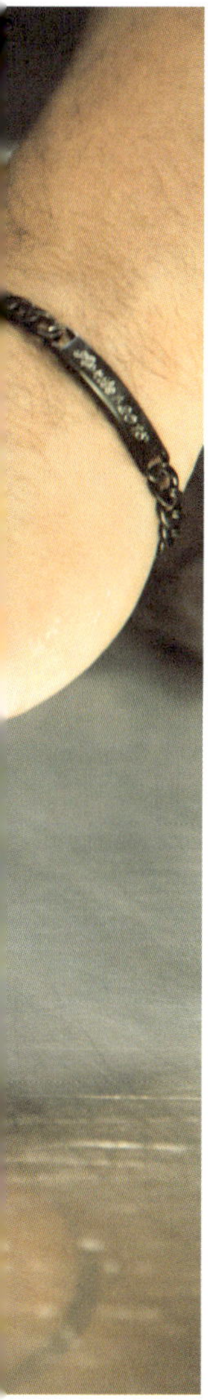

#8

샘킴의 카르보나라

Grilled vegetables with carbonara

>> ingredient

베이컨 5장, 애호박 ½개, 아스파라거스 3개, 화이트와인 2큰술, 완두 10알, 달걀 노른자 1개, 생크림 1컵, 탈리아텔레 100g, 파르메산 치즈 1큰술, 다진 파슬리 1작은술, 올리브오일 · 소금 · 후추 약간씩

>> how to

1 … 애호박은 얇게 썰어 아스파라거스와 함께 올리브오일을 바른 후 소금 · 후추로 간하여 팬에 굽는다.

2 … 올리브오일을 두른 팬에 작은 크기로 썬 베이컨을 볶다가 화이트와인과 생크림을 넣고 약불에서 살짝 졸인다.

3 … 탈리아텔레는 끓는 소금물에 5분간 삶는다.

4 … 파스타 삶은 물을 3큰술 정도 2)에 넣고 탈리아텔레 면과 데친 완두, 애호박, 아스파라거스도 마저 넣는다. 달걀 노른자와 파르메산 치즈와 파슬리를 넣고 골고루 섞는다.

>> cooking tip

- 달걀 노른자를 넣을 때 재빨리 섞어야 노른자가 고루 스며든다. 노른자가 익으면 작은 알갱이들처럼 보여 지저분해질 수 있다.

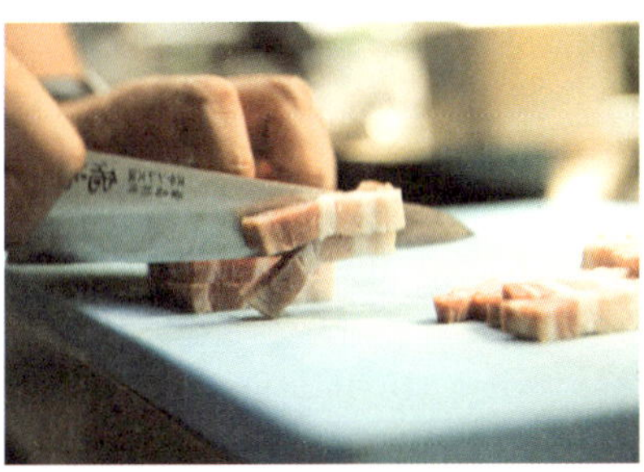

1	2
3	4

#9

모히토

Mojito

>> ingredient

라임 1½개, 탄산수 2컵, 잘게 부순 얼음 ½컵, 시럽 2큰술 or 설탕 1큰술, 애플민트 15~20잎

>> how to

1 … 컵에 탄산수와 라임을 짜서 넣고 애플민트 10잎을 썰어서 넣는다.

2 … 시럽이나 설탕으로 당도를 조절하고, 라임과 나머지 애플민트를 넣고 섞는다.

>> cooking tip

- 모히토에 냉동 라즈베리나 라즈베리 퓨레, 라즈베리 잼 등을 넣으면 라즈베리 모히토가 된다.

풍성하게

MEAT & FISH

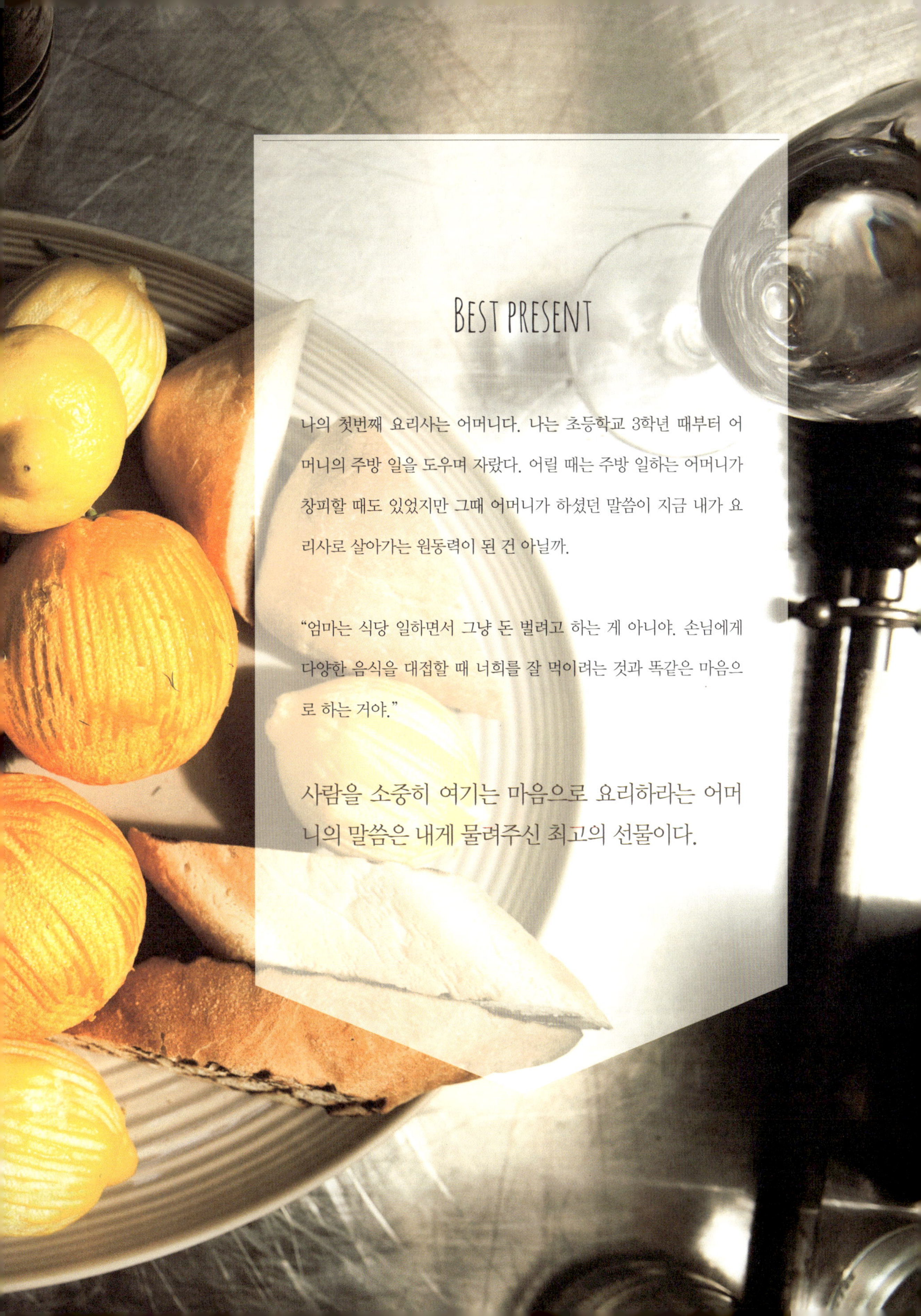

Best present

나의 첫번째 요리사는 어머니다. 나는 초등학교 3학년 때부터 어머니의 주방 일을 도우며 자랐다. 어릴 때는 주방 일하는 어머니가 창피할 때도 있었지만 그때 어머니가 하셨던 말씀이 지금 내가 요리사로 살아가는 원동력이 된 건 아닐까.

"엄마는 식당 일하면서 그냥 돈 벌려고 하는 게 아니야. 손님에게 다양한 음식을 대접할 때 너희를 잘 먹이려는 것과 똑같은 마음으로 하는 거야."

사람을 소중히 여기는 마음으로 요리하라는 어머니의 말씀은 내게 물려주신 최고의 선물이다.

#1
로스티드 치킨
Roasted chicken

>> ingredient

닭 1마리, 통마늘 1통, 당근 1개, 양파 2개, 셀러리 1대, 알감자 10개, 로즈마리 5줄기, 올리브오일 1큰술, 소금 · 후추 약간씩

>> how to

1 … 깨끗이 씻은 닭은 큼직하게 토막내고 통마늘은 껍질째 반으로 자른다. 셀러리, 양파, 당근은 큼직하게 썬다.

2 … 팬에 올리브오일을 두른 후 소금과 후추로 간한 닭을 올려 겉만 바삭하게 살짝 굽는다.

3 … 닭을 꺼낸 다음 같은 팬에 1)의 셀러리, 양파, 당근, 알감자를 넣고 소금 · 후추로 간한 뒤 로즈마리를 올려 좀 더 볶는다.

4 … 오븐 용기에 3)의 볶은 채소를 담고 그 위에 초벌구이 한 닭을 올린 후 175℃로 예열한 오븐에서 20분간 익힌다.

>> cooking tip

- 통마늘은 반으로 자르고 셀러리, 양파, 당근은 큼직하게 썰어야 더욱 먹음직스럽다.
- 팬에 소금과 후추로 간을 한 닭을 통째로 겉만 바삭하게 살짝 구운 후 오븐에서 익혀야 담백한 풍미가 산다.
- 완성된 로스티드 치킨에 육즙이 많이 생기면 그 육즙을 이용해 그레이비 소스를 만든다. 이 소스는 육즙에 루를 살짝 풀어서 섞기만 하면 된다. 루는 버터를 녹인 후 같은 비율의 밀가루를 넣고 볶아서 만든다.

1	2
3	4
5	6

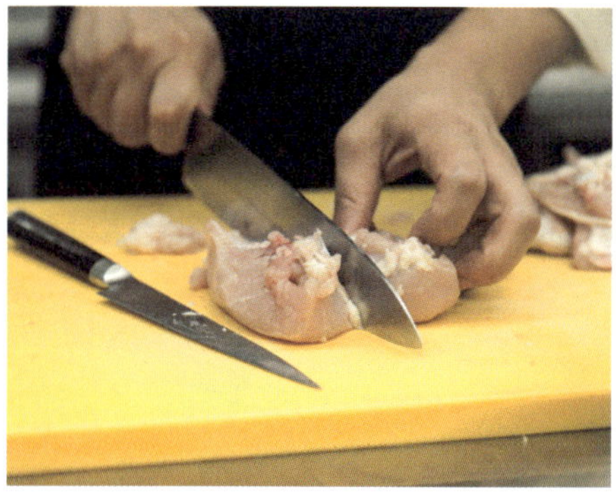

#2

머스터드 치킨

Grilled chicken with mustard

>> ingredient

닭다리살 4개, 홀그레인 머스터드 1큰술, 완숙 토마토 1개, 치커리 7줄기, 레몬 ½개, 적양파 ¼개, 로즈마리 3줄기, 페페론치노 5알, 마늘 2쪽, 올리브오일 1큰술, 소금 · 후추 약간씩

>> how to

1 … 손질한 닭다리살은 올리브오일, 마늘, 페페론치노, 로즈마리를 넣고 마리네이드 한다.

2 … 완숙 토마토를 원형으로 1cm 두께로 자르고 적양파는 반으로 자른 후 채 썬다. 치커리는 손질해서 씻는다.

3 … 그릴 팬에 1)의 마리네이드 한 닭다리살을 올리고 소금과 후추로 간하며 앞뒤를 노릇하게 익힌다.

4 … 접시에 토마토와 채 썬 적양파, 치커리, 익힌 닭다리살을 올린 뒤 레몬즙을 골고루 뿌리고 머스터드를 곁들여 낸다.

>> cooking tip

- 마리네이드 과정에서 페퍼론치노를 많이 넣으면 매워져서 꼭 확인해야 한다. 일단 마리네이드 한 치킨은 냉장고에서 숙성과정을 거치면(3시간 이상) 더욱 맛이 좋다.

1	2
3	4

#3
발사믹 그릴 치킨

Grilled chicken with balsamic vinegar

>> ingredient

닭다리살 2개, 완숙 도마도 1개, 양파 1개, 그린빈 10개, 발사믹 식초 3큰술, 올리브오일 ½큰술, 소금 · 후추 약간씩

>> how to

1 … 손질한 닭다리살은 소금과 후추로 간하여 잠시 둔다. 토마토와 양파는 1cm 두께로 모양을 살려 썬다.

2 … 팬에 소금과 후추로 간한 닭다리살을 넣고 껍질 쪽부터 익힌다.

3 … 닭다리살이 다 익어 갈 때 올리브오일을 두르고 토마토와 양파 그리고 그린빈을 올려서 소금과 후추로 간하면서 노릇하게 익힌다.

4 … 채소가 다 익어 갈 때쯤 발사믹 식초를 넣고 살짝 졸인다.

>> cooking tip

• 닭다리살을 익힐 때는 먼저 팬을 충분히 달군 후 껍질 쪽부터 익힌다. 익힐 때 자꾸 들추면 껍질과 살이 분리되기 쉬우니 다 익어서 저절로 떨어질 때까지 기다린다.

1	2
3	4

#4
돼지목살 구이

Roasted Pork

>> ingredient

돼지목살 500g, 로즈마리 5줄기, 양파 2개, 셀러리 2대, 당근 1개, 살구 또는 자두 5개, 다진 파슬리 1큰술, 화이트 와인 3큰술, 마늘 10쪽, 올리브오일 · 소금 · 후추 약간씩

>> how to

1 … 양파, 셀러리, 당근은 큼직하게 자르고 돼지목살은 소금, 후추, 로즈마리로 간하여 둔다.

2 … 올리브오일을 두른 후 돼지목살을 초벌구이 한다.

3 … 초벌구이 한 돼지목살을 꺼낸 팬에 1)의 채소와 마늘을 넣고 볶는다. 다진 파슬리와 화이트와인을 넣은 뒤 초벌구이 한 돼지목살을 올리고 자두를 이등분하여 넣는다.

4 … 175℃로 예열한 오븐에 40~50분간 익힌다.

>> cooking tip

• 살구나 자두가 없으면 껍질째 깨끗이 씻은 사과를 4등분 하여 넣어도 좋다.

1	2
3	4
5	6

#5

연어 그라브락스

Salmon-gravlax

>> ingredient

연어 ½마리, 소금 500g, 설탕 600g, 오렌지 제스트(껍질) 2개분, 레몬 제스트(껍질) 9개분, 딜 90g, 통후추 20g(빨강, 검정), 보드카 3컵

>> how to

1 … 손질한 연어를 보드카로 씻는다.

2 … 큰 믹싱볼에 소금, 설탕, 오렌지 제스트, 레몬 제스트를 넣는다.

3 … 딜을 다져서 넣고 통후추도 넣어 섞는다.

4 … 도마 위에 연어를 올리고 3)으로 연어를 완전히 덮은 뒤 그 위를 헝겊으로 다시 감싸서 12~16시간 동안 그대로 둔다.

5 … 정해진 시간이 지난 뒤 4)의 염장한 연어를 물로 깨끗하게 씻고 다시 헝겊을 덮어 12시간 동안 냉장고에 둔다.

6 … 5)의 연어를 덮은 헝겊을 걷어낸 뒤에 12시간 정도 다시 냉장고에 두고 건조시킨다.

>> cooking tip

- 마리네이드 한 시간이 연어의 식감을 결정한다. 일정 시간이 지나면 꾸준한 확인이 필요하다. 늘 같은 레시피를 사용하지만 상황에 따라 맛에 조금씩 차이가 있다. 그래서 꾸준히 확인하고 만져 보아야 한다.

1	2	3
4	5	6
7	8	9

#6

닭가슴살 토마토 스튜

Chicken & tomato stew

>> ingredient

닭가슴살 2개, 방울토마토 10개, 블랙올리브 5개, 마늘 1쪽, 생바질 3잎, 파르메산 치즈 2큰술, 모차렐라 치즈 1개, 밀가루 1컵, 닭 육수 ½컵, 토마토소스 ½컵, 올리브오일 · 소금 · 후추 약간씩

>> how to

1 … 닭가슴살을 주방용 해머로 두드려서 얇게 편다.

2 … 닭가슴살에 소금 · 후추로 간한 뒤 밀가루를 묻혀서 올리브오일을 두른 팬에 살짝만 익힌다.

3 … 살짝 익힌 닭가슴살을 빼낸 후 같은 팬에 다진 마늘, 얇게 썬 블랙올리브, 방울토마토를 넣고 볶는다.

4 … 3)에 닭 육수를 붓고 닭가슴살을 넣은 다음 토마토소스와 생바질을 넣고 살짝 졸인다.

5 … 모차렐라 치즈를 잘게 썰어 팬에 넣고 파르메산 치즈도 잘게 뜯어 넣는다.

>> cooking tip

- 생칠리를 잘 말린 후 가루를 내어 만든 페페론치노. 이것이 없을 땐 생략하거나 굵게 빻은 고춧가루로 대신해도 되지만 매운맛을 좋아한다면 페페론치노를 넣어야 더욱 맛있게 먹을 수 있다.

1
2
3
4
7
5
6
8
9

ORANGE SODA

#7
피시 앤 칩스
Fish and chips

>> ingredient

광어살 200g, 감자 2개, 밀가루 2컵, 맥주 1컵, 다진 파슬리 1큰술, 레몬 1개, 소금 · 후추 약간씩

>> how to

1 … 손질한 광어살은 먹기 좋은 크기로 썰고 감자는 채칼을 이용해 얇게 저미듯 썬다.

2 … 믹싱볼에 밀가루와 맥주를 섞어서 튀김반죽을 걸쭉하게 만든다.

3 … 1)의 손질한 광어살에 소금 · 후추로 간한 뒤 2)의 반죽을 입혀 바삭하게 튀긴다.

4 … 감자도 튀겨낸 뒤 소금 · 후추로 간한다.

5 … 튀긴 광어살과 감자를 접시에 담고 레몬즙을 고루 뿌린 뒤 다진 파슬리를 뿌린다.

>> ingredient

달걀 1개, 적양파 ½개, 마요네즈 5큰술, 케이퍼 15알, 다진 파슬리 1작은술, 레몬 ½개

>> how to

1 … 믹싱볼에 마요네즈, 다진 적양파, 케이퍼, 다진 파슬리를 넣은 뒤 레몬즙을 넣고 골고루 섞는다.

2 … 달걀을 완숙으로 삶은 후 1)에 넣고 으깨어 다시 한 번 골고루 섞은 뒤 소금 · 후추로 간하여 피시 앤 칩스에 곁들인다.

>> cooking tip

• 반죽에 맥주를 넣으면 탄산이 있어 더욱 바삭바삭해진다. 간혹 얼음을 넣기도 하는데 반죽을 차갑게 해서 튀기면 온도차로 인해 더욱 바삭하게 된다.

1	2
3	4
5	6

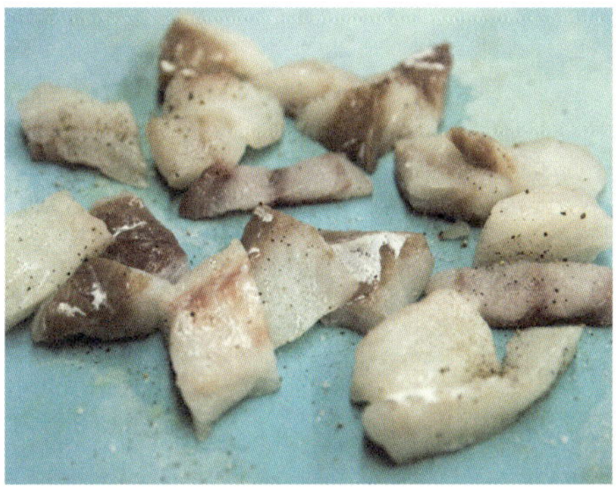

사랑스럽게 BREAD & CAKE

My lovely

나는 요리나 식재료를 설명할 때 "이 아이는요~"라는 표현을 즐겨 쓴다. 그러면 주변 사람들은 요리가 사람도 아닌데 왜 그렇게 말하는지 의아해한다. 내가 만든 요리는 자식 같다. 특히 예쁜 디저트를 완성하면 그 아름다움을 지켜 주고 싶은 마음마저 든다. 어쩔 수 없이 맛을 보려면 모양이 부서지기 마련이지만 그럴 때면 마음속으로 이렇게 중얼거린다.

"지켜 주지 못해서 미안!"

#1

프렌치 토스트

French toast

>> ingredient

통식빵 1개, 달걀 4개, 우유 ¾컵(150㎖), 생크림 1컵(200㎖), 바나나 2개, 버터 ½큰술, 설탕 · 계핏가루 약간씩

>> how to

1 … 통식빵을 4등분 한다.

2 … 믹싱볼에 분량의 달걀, 우유와 생크림 ½컵을 넣고 고루 섞는다.

3 … 4등분 한 식빵을 2)에 충분히 적신다.

4 … 팬에 버터를 중불로 녹인 후 3)의 식빵을 노릇하게 굽는다.

5 … 볼에 남은 생크림 ½컵을 넣은 후 설탕을 섞어 가볍게 휘핑한다.

6 … 철판에 어슷하게 썬 바나나를 올리고 설탕을 뿌린 뒤 토치로 설탕을 녹여 바나나 위에 캐러멜을 만든다.

7 … 구운 식빵에 5)의 휘핑한 생크림과 구운 바나나를 올린 뒤 계핏가루를 살짝 뿌린다.

>> cooking tip

• 설탕을 뿌려 구운 바나나는 겉은 바삭하면서 속은 부드러워 식감이 좋다. 이렇게 구운 바나나는 아이스크림과도 잘 어울리는데 특히 아이들이 좋아한다.

#2

가지 파니니

Eggplant panini

>> ingredient

치아바타 1개, 완숙 토마토 1개

페스토: 가지 1개, 토마토소스 1컵, 파르메산 치즈 2큰술, 마늘 1쪽, 생바질 2잎, 올리브오일 · 소금 · 후추 약간씩

>> how to

1 … 가지를 어슷하게 썬 다음 올리브오일을 두른 팬에 소금, 후추로 간하여 굽는다.

2 … 완숙 토마토는 모양을 살려 썬 다음 소금, 후추로 간하며 굽는다.

3 … 이탈리아식 바게트 빵이라 할 수 있는 치아바타는 길게 반으로 자른 후 팬에 굽는다.

4 … 올리브오일을 두른 팬에 으깬 마늘을 넣고 볶다가 구운 가지를 넣고 토마토소스, 바질, 파르메산 치즈를 뿌린다.

5 … 구운 치아바타 빵 위에 구운 완숙 토마토를 올리고 만들어 놓은 가지 페스토를 올린다.

>> cooking tip

- 치아바타 외에 달지 않은 다른 빵으로도 얼마든지 만들 수 있다.
- 가지의 껍질을 제거하고 주사위 모양으로 자른 후 구우면 가지의 식감이 더욱 부드럽다.
- 모차렐라 치즈를 올리면 아이들도 좋아하는 훌륭한 요리가 된다.

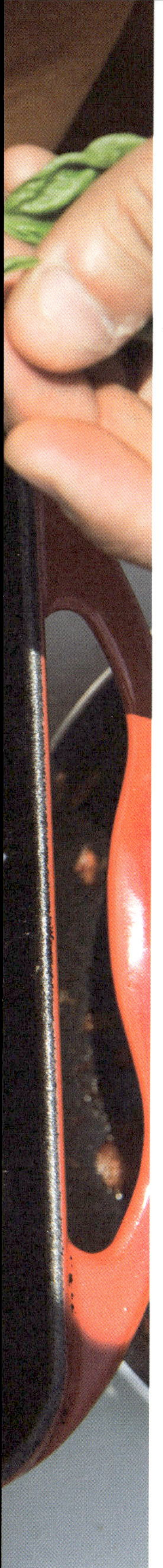

1	2
3	4
5	6
8	9

#3

비스코티

Biscotti

>> ingredient

박력분 450g, 베이킹파우더 7g, 달걀 125g(약 2.5개), 버터 125g, 설탕 250g, 통아몬드 300g

>> how to

1 … 실온에 두어 말랑해진 버터를 거품기로 부드럽게 푼다.

2 … 1)에 설탕을 넣고 섞는다. 이때 달걀물을 2~3회 나누어 섞으면서 설탕을 녹인다.

3 … 박력분과 베이킹파우더를 체에 담아 내린 후 2)에 넣고 가볍게 섞다가 통아몬드를 넣고 뭉친다.

4 … 오븐 팬에 반죽을 올려 긴 타원형으로 모양을 만든다.

5 … 160℃ 오븐에 40분간 구운 후 완전히 식으면 1cm 두께로 자른다.

6 … 다시 180℃ 오븐에 10~20분간 굽는다.

#4

티라미수

Tiramisu

>> ingredient

설탕 50g, 물엿 30g, 물 10g, 달걀 노른자 3개 분량(85g), 마스카포네 치즈 265g, 시판용 레이디핑거 쿠키(사보이아르디) 10개, 에스프레소 1컵, 생크림 165g, 카카오파우더 약간

>> how to

1 … 냄비에 설탕, 물엿, 물을 넣고 한소끔 끓여 시럽을 만든다.

2 … 볼에 노른자를 담고 1)의 시럽을 가장자리로 천천히 부으면서 거품기로 섞어 휘핑한다.

3 … 믹싱볼에 마스카포네 치즈를 담고 거품기로 부드럽게 풀어 준 후 2)의 노른자와 섞는다.

4 … 생크림은 살짝 고정될 정도로 휘핑한 후 3)과 섞는다.

5 … 레이디핑거 쿠키를 접시에 올리고 에스프레소를 살짝 뿌린다.

6 … 5) 위에 4)의 크림을 올리고 카카오 파우더를 뿌린다.

>> cooking tip

- 커피와 잘 어울리는 레이디핑거 쿠키는 집에서 만들어도 되지만 시판용 제품을 사용하면 간편하게 티라미수를 만들 수 있다. 폭신한 달걀과자 느낌인데 없을 땐 곡물과자로 대체해도 괜찮다.

#5

피스타치오 케이크

Pistachio cake

>> ingredient

달걀 240g(약 4개), 설탕 20g, 아몬드분말 80g, 슈거파우더 160g, 베이킹파우더 10g, 박력분 90g, 버터 130g, 피스타치오 페이스트 100g, 피스타치오 30g

>> how to

1 … 팬에 버터를 넣고 중약불에서 짙은 갈색이 날 때까지 가열한 후 체에 거른다.

2 … 볼에 달걀을 풀고 설탕을 넣어 거품기로 휘핑한다.

3 … 아몬드분말, 슈거파우더, 박력분, 베이킹파우더를 체에 친 후 2)에 넣고 섞는다.

4 … 3)에 1)의 브라운 버터를 넣고 고루 섞는다.

5 … 4)에 피스타치오 페이스트와 다진 피스타치오를 넣고 잘 섞은 뒤 유산지를 깐 팬에 반죽을 넣고 180℃ 오븐에서 30분 정도 굽는다.

>> cooking tip

• 고운 색감과 향이 매혹적인 피스타치오 케이크에 생크림을 올리면 더욱 환상적인 맛이 된다. 생크림을 거품기로 충분히 휘핑하여 단단해지면 짜는 주머니에 넣고 짠다.

#6

참치 샌드위치

Tuna sandwich

>> ingredient

치아바타 1개, 오이 1개, 삶은 달걀 2개, 블랙올리브 10개, 적양파 ⅓개, 아보가도 ½개, 참치 1캔, 마요네즈 2근술, 홀스래디쉬 1큰술, 후추 약간, 다진 파슬리 ½작은술

>> how to

1 … 믹싱볼에 기름을 뺀 참치를 담고 마요네즈와 홀스래디쉬, 후추를 넣어 골고루 섞는다.

2 … 달걀은 완숙으로 삶고 치아바타는 길게 이등분하여 팬에 굽는다.

3 … 오이는 동그랗고 얇게 썰고 적양파와 블랙올리브, 아보카도도 적당한 크기로 썬다.

4 … 치아바타 빵 위에 1)의 참치를 올리고 3)의 오이, 아보카도, 적양파, 블랙올리브, 달걀을 적당히 올린다.

>> cooking tip

- 빵은 팬이나 토스터기에 살짝 구우면 식감이 좋아진다.
- 참치 소는 미리 만들어 놓으면 물이 생기기 때문에 먹을 만큼만 한다.
- 혹시 케이퍼가 있어 몇 알 넣으면 더욱 맛있게 먹을 수 있다.

1
2
3
4
5
6

WHAT YOU
EAT IS
WHO YOU
ARE Sam kim

#7

치킨 샌드위치

Grilled chicken & radichio sandwich

>> ingredient

치아바타 1개, 닭가슴살 1개, 라디치오(치커리의 일종) 1개, 루콜라 10줄기, 아보카도 ½개, 파프리카 1개, 발사믹 식초 1큰술, 파르메산 치즈 1큰술, 올리브오일 · 소금 · 후추 약간씩

>> how to

1 … 닭가슴살은 주방용 해머로 살짝 두드려 얇게 편다.

2 … 닭가슴살에 올리브오일, 소금과 후추로 간하여 잠시 둔 후 팬에 굽는다.

3 … 파프리카와 라디치오도 올리브오일을 뿌린 후 소금, 후추로 간하여 팬에 굽는다.

4 … 3)의 구운 라디치오에만 발사믹 식초를 뿌린다.

5 … 구운 치아바타 빵 위에 구운 닭가슴살을 올린 다음 구운 파프리카, 라디치오, 루콜라, 아보카도, 파르메산 치즈를 올린다.

>> cooking tip

- 닭가슴살을 펼 때 주방용 해머가 없으면 팬이나 냄비를 사용해도 된다.
- 닭가슴살을 펼 때 처음부터 일정한 두께를 맞추는 게 좋다.

1	2
3	4
5	6

8
브라타 치즈
Bruschetta with Buratta cheese

>> ingredient

바게트 ½개, 토마토 1개, 애호박 ⅓개, 가지 1개, 미니 파프리카 1개, 브라타 치즈 1개, 아몬드 5개, 올리브오일 · 소금 · 후추 약간씩

>> how to

1 … 바게트는 어슷하게 썰어 팬에 굽는다.

2 … 애호박, 가지는 얇게 썬 뒤 올리브오일을 바르고 소금 · 후추로 간하여 팬에 굽는다.

3 … 미니 파프리카는 올리브오일을 바르고 소금 · 후추로 간하여 팬에 굽는다.

4 … 바게트 위에 동그랗게 썬 토마토와 구운 애호박, 가지, 파프리카를 올린 후 브라타 치즈를 얹고 그 위에 다진 아몬드를 뿌린다.

>> cooking tip

- 브라타 치즈를 구하기 힘들다면 리코타 치즈를 사용해도 좋다.
- 바질 페스토가 있으면 살짝 올려 줘도 맛있다.

1
2
3
4
5
6
7

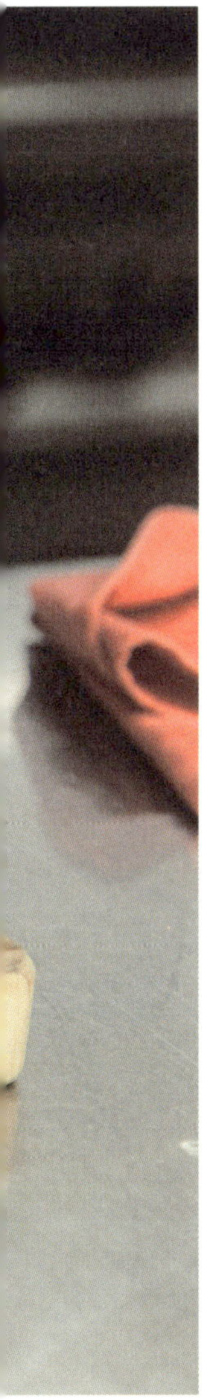

#9

연어 브루스케타

Bruschetta with salmon gravlax

>> ingredient

치아바타 1개, 염장 연어 200g, 아보카도 1개, 홀스래디쉬 1큰술, 달걀 1개, 적양파 ⅓개, 케이퍼베리 10개, 다진 파슬리 1작은술

>> how to

1 … 치아바타는 어슷하게 썰어 팬에 굽는다.

2 … 달걀은 식초와 소금을 넣은 물에서 10분간 완숙으로 삶는다.

3 … 아보카도는 절반으로 갈라 씨를 빼낸 후 과육만 얇게 썬다.

4 … 구운 치아바타 위에 염장한 연어와 아보카도, 홀스래디쉬, 케이퍼베리, 삶은 달걀, 적양파를 올리고 파슬리를 뿌린다.

>> cooking tip

- 이 요리는 연어 '그라브락스'가 포인트이다. 그라브락스(gravlax)는 생연어에 소금과 설탕, 딜을 넣고 숙성시켜 먹는 스칸디나비아식 음식이다. 전채 요리로 인기가 많다.(만들기는 167쪽 참조)

1 2
3 4

#10

피칸 브라우니

Pecan brownie

>> ingredient

버터 200g, 다크 초콜릿 120g, 피칸 100g, 설탕 200g, 달걀 4개, 바닐라 에센스 1작은술, 박력분 140g, 소금 1g

>> how to

1 … 믹싱볼에 버터와 초콜릿을 넣고 중탕으로 말랑하게 녹인다.

2 … 버터와 초코릿이 녹으면 설탕을 넣는다.

3 … 2)에 달걀을 풀어서 2~3회에 나누어 넣고 거품기로 섞는다.

4 … 달걀을 섞은 3)에 바닐라 에센스, 체에 내린 박력분, 소금, 피칸을 넣고 고루 섞는다.

5 … 사각틀에 반죽을 담고 180℃ 오븐에 20~25분간 굽는다.

#11

홈메이드 양파잼

Home-made onion jam

>> ingredient

양파 10개, 황설탕 200g, 발사믹 식초 1컵, 올리브오일 약간

>> how to

1 … 양파는 가늘게 채 썰어 올리브오일을 두른 냄비에 넣고 약불에서 천천히 익힌다.

2 … 양파가 갈색을 띠기 시작하면 황설탕을 넣고 다시 한 번 골고루 섞어 끓인다.

3 … 발사믹 식초를 2)에 넣고 약불에서 시럽처럼 걸쭉해질 때까지 졸인다.

1	2
3	4
5	6

샘킴의 맛있는 브런치

개정2판 1쇄 인쇄 2026년 1월 16일
개정2판 1쇄 발행 2026년 2월 5일

지은이 샘킴
펴낸이 이범상
펴낸곳 (주)비전비엔피 · 이덴슬리벨

기획 편집 차재호 김승희 김혜경 한윤지 박성아
디자인 김혜림 이민선 인주영
사진 도트스튜디오 방문수
푸드 스타일링 레몬밤키친 강지수
그릇협찬 에델바움(www.mugenmall.com), 김영환 작가(서울 종로구 계동 127-2), 카루셀리(www.karuselli.co.kr / 1833-7440)
마케팅 이성호 이병준 문세희 이유빈
전자책 김성화 김희정 안상희 김낙기
관리 이다정
인쇄 북토리

주소 우) 04034 서울특별시 마포구 잔다리로7길 12 (서교동)
전화 02) 338-2411 | **팩스** 02) 338-2413
홈페이지 www.visionbp.co.kr
인스타그램 www.instagram.com/visionbnp
포스트 post.naver.com/visioncorea
이메일 visioncorea@naver.com
원고투고 editor@visionbp.co.kr

등록번호 제2009-000096호

ISBN 979-11-91937-71-8 (13590)

· 값은 뒤표지에 있습니다.
· 파본이나 잘못된 책은 구입처에서 교환해 드립니다.

Made in Vietnam

DELICIOUS